Judith Stoletzky & Lutz Geißler

ca. 750 g Glück

Das kleine Buch von der großen Lust, sein eigenes Sauerteigbrot zu backen.

ca. 750 g Glück

Das kleine Buch von der großen Lust,
sein eigenes Sauerteigbrot zu backen.

Judith Stoletzky & Lutz Geißler

»*Wer glücklich* sein möchte, bäckt *ein* **Brot.**«

Lutz Geißler

INHALT

Vorwort

Circa 750 Gramm **Glück?**

Die deutsche Sprache, so das Gerücht, sei präzise wie keine zweite, doch der Begriff „Glück" ist es glücklicherweise nicht. Er ist elastisch, weich, warm und voluminös wie ein reifer Sauerteig. Und mit beiden kann man viel anstellen. Das Glück, Brot zu backen, gibt es in drei leckeren Sorten:

Glück des Zufalls

Dieses Glück plumpst einem einfach in den Schoß. Unverdient, ohne Talent und jede Anstrengung. Manchmal macht man versehentlich alles richtig und das Brot, das man gebacken hat, ist essbar. Man hat keinen Schimmer warum und beim nächsten Mal wieder Pech.

Glück der Zuversicht

Diese Sorte beschreibt laut Duden den guten Ausgang eines gefährlichen oder ungewissen Vorhabens. Und Brotbacken ist weiß Gott ein saugefährliches Vorhaben mit stets ungewissem Ausgang. Die größte Gefahr liegt im Suchtpotenzial, weil die perfekte Kruste, die perfekte Krume, die perfekte Porengröße, der perfekte Geschmack immer erst noch gebacken werden müssen. Jedes Mal aufs Neue. Wen diese Leidenschaft gepackt hat, dessen Leben wird ein anderes. Und meistens nicht nur das seine …

Glück der Stille

Dieses Glück ist eine stille Empfindung beim selbstvergessenen Tun dessen, was man tut. Bedürfnisloser, stiller Frieden im Hier und Jetzt. Manchmal prickelt die Haut. Der Blutdruck könnte nicht besser sein. Ruhiger, kräftiger Puls. Zuversicht. Freude. Inneres Lächeln. Stilles Glück ist ein emotionales Mischbrot mit glänzender, knuspriger Kruste, das sich sehr gut ein paar Tage hält. Bei erfahreneren Bäckern erzeugt es einen bittersüßen, wohligen Dehnungsschmerz an den Synapsen. Ähnlich geht es übrigens einem Teig, wenn Sie sein Gerüst nach einem Schläfchen recken und strecken.

Brot & Spiele

Einer bäckt.
Eine schreibt.

Wer Lutz Geißler kennt, weiß, dass es ihm mit dem Brotbacken ernst ist. Dieser Bäcker ist bekennender Perfektionist. Er ist Wissenschaftler und Ehrenmann und seine Rezepte sind das Resultat mehrfach verifizierter Versuchsanordnungen ohne jegliche Tricks, die sich zu Hause präzise wiederholen lassen. Man erfährt auf die dritte Stelle hinter dem Komma, wie viel Gramm von welcher natürlich naturbelassenen Zutat man bei welcher Temperatur wo hinzufügen muss und wann genau. Man lernt, wie es aussehen, riechen und sich anfühlen muss und auch warum. Lutz Geißler glaubt, dass jeder Teig eine Seele und einen eigenen Willen hat, die man in der Backstube respektieren muss. Der Teig hält sich nicht immer an die Zahlen, die Lutz ihm aufschreibt, weshalb es objektive Gründe gibt zu lernen, seiner subjektiven Wahrnehmung und seinen eigenen Sinnen zu vertrauen. Die sind am Ende das präziseste Messinstrument.

Lutz Geißler ist ein sachlicher Mann. Er bäckt nicht nur mit absolut reduzierten Zutaten, er kommuniziert auch so: mit nicht einem einzigen Wort zu viel. Doch die Liebe, die bringt's! Durch die Liebe zum Brot lässt er sich tatsächlich dazu hinreißen, von so etwas Unkalkulierbarem wie Glück zu sprechen. Er gibt dem Zufall Raum – und der steht, neben der Zutat „Zeit", sogar in seinen Büchern. Er könnte eigentlich wortreich und mit strahlenden Augen die wundersame Fügung preisen, die will, dass sich in Küchen oder Backstuben Schicksale kreuzen. Die Magie besingen, die Sie nicht im Bioladen kaufen können und er nicht in seine Rezepte schreiben kann. Er könnte dankbar das Wunder bejubeln, dass die richtigen Hefen und die richtigen Essig- und Milchsäurebakterien in Schraubdeckelgläsern und Tupperdosen zueinanderfinden – und verwandte Seelen vor denselben. Irgendwann dachte Lutz so bei sich: „Man könnte mal, man müsste, man muss einfach mal aufschreiben, wie schön Backen ist! Kein Buch voller Rezepte. Eines über die Liebe und das Glücksgefühl beim Backen. Aber das kann ich nicht. Kann das nicht jemand anderes tun?" Und es hat sich jemand gefunden.

Mit dem Büchlein, das Sie in den Händen halten, wurde aus dieser gedanklichen Starterkultur von Lutz Geißler etwas gebacken, das Sie hoffentlich so lecker finden, dass Sie Lust bekommen, sich selbst an der eigenhändigen Brotfabrikation zu versuchen. Und zwar am Anfang angefangen! Mit dem Ansetzen Ihres eigenen Sauerteigs. Hegen Sie ihn und pflegen Sie ihn. Geben Sie ihm zu essen und einen Namen. Schauen Sie ihm beim Atmen und Wachsen zu. Versuchen Sie zu verstehen, was er Ihnen sagen will. Und laufen Sie vor Freude über, wenn Ihr Teig vor Lebenslust aus dem Glas quillt. Und wenn Sie Ihr erstes Brot aus dem Ofen holen, platzen Sie vor Stolz wie seine leckere Kruste. Genießen Sie den Duft, den Anblick und den Geschmack. Haben Sie Spaß am Teilen und Verschenken. Ihre Freude an all dem könnte übrigens ziemlich ansteckend sein.

* * *

Mut

Von der Angst, einen Anfang zu wagen, **von der Einfachheit und einem großen Dichter.**

Der Einstieg in die Brotbackobsession verläuft in der Regel ähnlich wie bei Lutz Geißler, diesem seelenruhigen Mann, der heute von manchen Medien und vielen Bewunderern „Brotbackpapst" oder sogar „Brotbackgott" genannt wird. Was dieser übrigens nicht leiden kann, also bitte nicht machen, selbst wenn Sie seine Rezepte anbetungswürdig finden. Vor zehn Jahren hat der Geologe, der heute Bäcker ist, seinen ersten Teig – pardon, das hat er aber selbst gesagt – zusammengeschustert. Wie damals Lutz backen die meisten ihr erstes Brot nicht, weil es die Familie ernähren soll oder weil sie Brotbackprominenz anstreben. Das Backen soll entspannen und es findet ohne großen Ehrgeiz statt. Essbarkeit ist zu begrüßen, ist jedoch kein Muss. Genießbarkeit gar ist ein kühner Traum. Gutes ist man von Brot ja ohnehin nicht gewöhnt und schlechter zu backen als die Mehrzahl der Industriebäckereien und als mancher Handwerksbäcker schafft so schnell keiner. Mit dem Entschluss, sein erstes eigenes Brot zu backen, erlaubt man sich zu spielen – und dabei ausnahmsweise noch nicht einmal gewinnen zu müssen. Scheitern ist erlaubt. Es ist ungefähr wie damals, als man noch klein und möglicherweise niedlich war, im Sandkasten Sandkuchen buk, nichts leisten musste und beim simplen Tun dessen, was man tat, die Welt um sich herum so herrlich vergaß.

Nützlich. Nahrhaft. Schöpferisch.

Im Gegensatz zu vielen anderen Dingen, die wir Menschen betreiben, um uns zu entspannen, ist Brotbacken nützlich, nahrhaft und schöpferisch. Vom Ausmalen von Ausmalbüchern, vom Fernsehen, vom Links-Liken und Posts-Posten, Schnapstrinken, Zigarettenrauchen, vom Kinder-, Partner- oder Haustiere-Herumkommandieren kann man das beim besten Willen nicht behaupten. Befreit man sich vom Leistungsdruck, das perfekte Brot zu backen, geht von dieser Tätigkeit bereits eine entspannende Wirkung aus, bevor man es überhaupt das erste Mal versucht hat, denn die Investitionen für dieses Abenteuer halten sich zurück. Sollte der

Plan, Hobbybäcker zu werden, nicht aufgehen, ist kein Ruin zu befürchten und man kann ihn folgenlos aufgeben. Man muss keine Modelleisenbahn, keinen Kontrabass, keinen Gleitschirm und keine Drohne auf dem Flohmarkt verkaufen und begegnet den Souvenirs seines Scheiterns nicht in Abstellkammern und hinter der Tür des Gästezimmers, wo sie einen vorwurfsvoll anschauen.

Etwas Wasser. Ein bisschen Mehl. Viel Zeit.

Das Zubehör und die Instrumente, die man zum Brotbacken braucht, Wasser, Mehl, Salz und einen ganz normalen Backofen, hat man als halbwegs domestiziertes Lebewesen sogar vorrätig – im Gegensatz zu Golfschlägern, Koi-Karpfen, Aktmodellen oder Orchideenbestäubungspinseln. Gegenüber mittelalterlichen Ritterspielen oder dem Musizieren im Quartett ist Brotbacken auch bei ganz akutem Entspannungsbedarf verzögerungsfrei, ohne große Vorkenntnisse, ohne Komplizen und Mitspieler durchführbar. Man kann mit dem Brotbacken, wenn auch nicht unbedingt augenblicklich, doch immerhin täglich spontan beginnen. Und sogar nächtlich! In einer dieser schlaflosen Nächte zum Beispiel, die wir alle kennen, in denen uns ein sodbrennenartiges Gefühl hinter dem Brustbein daran hindert, in den Schlaf zu finden. Dieses Brennen ähnelt dem, das wir erleiden, wenn wir wieder mal zu viele Diglyceride von Speisefettsäuren genascht haben und uns bei all den leckeren exogenen Enzymen nicht zurückhalten konnten. Pentosanasen, Proteinasen, Hemicellulasen, Cellulasen, mmmmh, Xylanasen, Lipoxygenasen, Glucose-Oxidasen, Phospholipasen und Novamyl. Emulgatoren. Stabilisatoren, Verarbeitungshilfs- und Zusatzstoffe aller Art … Ja, Tüten- und Laborbrote sind verführerisch!

Wie oft wird das arme Gluten für Beschwerden an den Pranger gestellt, die höchstwahrscheinlich gar nicht auf seine Kappe gehen. Aber auch Vollkornbrot vom redlichen Biobäcker, der den friedliebenden Milchsäurebakterien keine Zeit gelassen hat, besänftigend auf die garstigen Sachen in den Randschichten des Korns einzuwirken, fördert die Schlafbereitschaft nicht. Doch das Brennen hinterm Brustbein könnte auch eines der Sehnsucht sein. Eines, das uns erzählt, dass uns was fehlt und wir mal wieder so richtig für etwas brennen möchten.

Nur wer Angst hat, kann mutig sein.

Oft schreiten Menschen in einer dieser Nächte, nachdem sie eine Ewigkeit trübe Gedanken geknetet haben, endlich zur Tat. Sie fangen das Backen an. Plötzlich geht ihnen auf, dass sie im Rezept für ihr Leben besser auf die Qualität der Zutaten achten müssen. Dass zu vieles darin ist, das ihnen nicht bekommt, und Weglassen ein Gewinn ist. Oft geht das mit der Erkenntnis einher, dass über uns an der Zimmerdecke die Endlichkeit baumelt und uns jederzeit aufs Plumeau plumpsen kann. Und da ist sie plötzlich, die Antwort auf die Frage, wann der ideale Zeitpunkt ist, etwas zu ändern: Jetzt! Welchem Menschen von humanistischer Bildung, der im Leistungskurs Deutsch hatte, schießt jetzt nicht dieses aufrüttelnde Gedicht von Rainer Maria Rilke durch den Kopf? Ihnen? Dann sei es hier zur Erinnerung noch mal kurz aufgesagt:

Archaïscher Torso Apollos

Wir kannten nicht sein unerhörtes Haupt,
darin die Augenäpfel reiften. Aber
sein Torso glüht noch wie ein Kandelaber,

in dem sein Schauen, nur zurückgeschraubt,
sich hält und glänzt. Sonst könnte nicht der Bug
der Brust dich blenden, und im leisen Drehen
der Lenden könnte nicht ein Lächeln gehen
zu jener Mitte, die die Zeugung trug.

Sonst stünde dieser Stein entstellt und kurz
unter der Schultern durchsichtigem Sturz
und flimmerte nicht so wie Raubtierfelle;

und bräche nicht aus allen seinen Rändern
aus wie ein Stern: denn da ist keine Stelle,
die dich nicht sieht. Du mußt dein Leben ändern. *

Und wenn es nicht Rainer Maria Rilke ist, an den man denkt, dann denkt man jetzt an Lutz Geißler. An sein rettendes Rezept. Eines, das nicht interpretiert werden muss: das Rezept für einen Sauerteig. Denn anders als die Skulptur des Dichtergottes Apollo, von der nur noch der Rumpf blieb, hat man nämlich glücklicherweise noch Kopf und Arme und Beine, ist aus Fleisch und Blut und hat die Muckis und die Macht, sein Leben

* Rainer Maria Rilke: Archaïscher Torso Apollos. In: Sämtliche Werke. Erster Band, Insel Verlag, Frankfurt am Main 1955, Seite 557.

in die eigene Hand zu nehmen. Und wenn es die Verwandlung eines körperwarmen Batzens aus Wasser und Mehl in ein köstliches, Leib und Seele nährendes Brot ist. Also erhebt man sich, richtet sich auf, wirft einen Bademantel über oder auch nicht und schreitet in die Küche, um mit der ganzen Euphorie eines Übernächtigten ein Senfglas aus dem Körbchen mit dem Altglas zu fischen, die Tüte Mehl auf das Haltbarkeitsdatum zu überprüfen – und los geht's. Und dann kommen einem plötzlich neue Zweifel. Nicht wegen des Mehls, sondern wegen allem! Wegen dem lieben Gott und dem Leib Christi und dem Hunger in der Welt und den Revolutionen und Kriegen, die wegen des Brotpreises ausbrechen, in Regionen dieser Erde, die nicht zwischen 3.000 Brotsorten auswählen können, die weniger wohlgenährt sind. Es ist nämlich doch eine Riesensache, Wasser und Mehl miteinander zu verrühren. Man spürt instinktiv, dass Brot nicht ganz so schlicht ist wie die Summe seiner Zutaten und mehr als das sättigende Transportmittel für Käsescheiben oder Quittengelee. In Brot sind nicht bloß vier Zutaten. In keinem Lebensmittel steckt mehr Symbolik und mehr Kulturgeschichte. Wer kein Brot hat, der hat nichts. Wer nur Brot hat und Wasser, kann damit immerhin überleben.

Sich und den Teig locker machen.

Doch wenn die zitternde Hand und der aufgeregte Geist dann zurückkehren in die unmittelbare Realität der eigenen Küche und beherzt Wasser und Mehl zu einer mörtelartigen Masse verpampeln, ist das eine Chance, Vertrauen zu entwickeln – in den Gang der Dinge. Zu anderen, auch wenn sie ganz klein und unsichtbar sind – in das Leben und zu sich selbst. Mit Wasser, Mehl und Zuversicht setzt man etwas in Bewegung, das gehörige Ausmaße annehmen kann. Angenommen, in bewusster Schicksalsnacht finden Milchsäurebakterien und Hefepilze in dem leeren Senfglas zueinander. Sie fühlen sich unbeobachtet und ihr Stelldichein bleibt nicht ohne Folgen. Sie vermehren sich und wollen viele schöne Brotkinder machen, von denen – das ist bei Broten wie bei Kindern – keines dem anderen gleicht. Und oft wächst nicht nur in Schraubdeckelgläsern, unter Klarsichtfolien und in Gärkörbchen etwas, sondern auch im frischgebackenen Hobbybäcker. Unmerklich fängt er an, sein Leben ums Brotbacken herumzubasteln, so befriedigend findet er sein Tun. Lutz Geißler ist nicht der Erste, dessen Leben das Backen vollständig umgekrempelt hat. Man muss übrigens nicht zwingend unglücklich oder schlaflos sein, um mit dem Brotbacken anzufangen. Verfressenheit, Unternehmungslust und gute Laune sind ebenfalls ganz ausgezeichnete Triebmittel.

* * *

Liebe

Vom Wunsch, dass es einem anderen **gut gehen soll.**

Wenn man ernsthaft zu backen beginnt, wird das Leben nicht nur sinnvoller, geschmackvoller und kohlenhydratreicher, es wird auch liebevoller. Oft wird es mit dem Halten eines Haustiers verglichen, einen Sauerteig zu pflegen. Doch ein Haustier zu haben, ist vergleichsweise einfach. Wer einen Sauerteig hat, hat eine feste Beziehung und der Sauerteig ist in ihr der dominante Teil. Ein Sauerteig ist vereinnahmend und eifersüchtig, vor allem auf die vollbusige Bäckerhefe, und er ist gebieterisch. Das muss man wissen. Adieu, Freiheit und Selbstbestimmung! Und kommste heut nicht, kommste morgen. Heidewitzka, Herr Kapitän! Jetzt gibt es regelmäßige Mahl- und Schlafenszeiten – nicht unbedingt für Sie, aber für ihn. Ab jetzt heißen die großen Posten in Ihrem Gefühlshaushalt Fürsorglichkeit, Verantwortung, Hingabe und Sorgfalt. Ist er, der Sauerteig, erst einmal da, sollten Antworten auf heikle Beziehungs- und praktische Alltagsfragen idealerweise bereits gefunden sein. Wie ist die Kündigungsfrist bei Parship? Und falls man nicht sofort aus dem Vertrag kommt, wie erklärt man es, sagen wir, Siggi, Sebastian oder Sibylle oder wie auch immer Ihr Sauerteig heißt, dass man noch immer auf einer Dating-Plattform ist, obwohl man jetzt ihn an seiner Seite hat. Betrüge ich meinen Sauerteig, wenn ich Hefezopf esse? Betrüge ich ihn bereits, wenn ich mir vorstelle, Hefezopf zu essen? Oder ein Rezept für Hefezopf lese? Lutz Geißler rät ja dazu, dem Sauerteig – wie dem berühmten Sauerteig Hermann aus den 70ern – einen Namen zu geben. Als Mensch mit Bindungsängsten, die man behalten will, muss man sich das gut überlegen, denn was einen Namen hat, gewinnt man automatisch lieb. Das ist Psychologie. Da ist man machtlos. Aber es steigert die Überlebenschancen eines jungen Sauerteigs enorm. Was man liebt, lässt man nicht so schnell verhungern.

Siggi hat das Sagen.

Als Sauerteigmutter oder -vater fragt man sich auch: Darf ich ausgehen, auch wenn der Sauerteig nachts gefüttert werden will? Darf ich auf dem Balkon mal eine rauchen?

Besorgen wir uns einen Sauerteigsitter, ein Sauerteigbabyfon für die Nacht? Werden wir es hören, wenn sein letztes Bläschen platzt? Wer nimmt Sebastian an Weihnachten? Wer in den Ferien? Theoretisch ist es möglich, mit Sauerteigen zu reisen. Bei Flugreisen bedenken Sie bitte, dass die Security gegenüber einer blasigen Masse in einem alten Senfglas im Handgepäck kritisch eingestellt ist und die Erklärung, es handele sich um eine Vorstufe von Handgebäck, nicht lustig findet. Wird sich der Sauerteig in fremder Umgebung, in der Enge der Minibar des Mittelklassehotels an der Costa del Sol wohlfühlen? Wird er Heimweh haben? Die Unwägbarkeiten sind ohne Zahl. Die Fragen sind groß. Im fortschrittlichen Stockholm kann, wer als Paar mal wieder eine verantwortungsfreie, zügellose Zweisamkeit genießen will, seinen Sauerteig direkt am Flughafen in ein Hotel für Sauerteigstarter einchecken. In Brooklyn, dem Epizentrum von allem, was man so macht, wenn man halbwegs hip ist, gibt es das auch. Für 15 Dollar pro Woche bekommt der Sauerteigansatz Übernachtung und Frühstück. Schwächelt der Kleine, kann man Diagnoseverfahren, Vollpension, Intensivpflege und gegebenenfalls Reha dazubuchen. Aber immer via Stockholm oder Brooklyn an die Costa del Sol? Will man das? In Deutschland existiert zwar im oberfränkischen Rödental der schöne „Gasthof Sauerteig", Doppelzimmer ab 89 Euro. Doch hier werden ausschließlich Menschen gefüttert und es werden keine Zimmer an Sauerteigstarter vermietet, weil die oft nicht stubenrein sind und gern alles vollkleckern. Es ist jedoch anzunehmen, dass Ferienmachen an Reiz verliert. In den Ferien taugt das Brot bekanntermaßen nichts und zu Hause kann man Tag und Nacht so schön backen.

Alles sehr befriedigend.

Es gibt wirklich viel zu bedenken, bevor man seinen ersten Sauerteig ansetzt, das darf man nicht unterschätzen. Hat man Wasser und Mehl miteinander verrührt, gibt es kein Zurück. In der stillen Vereinigung dieser bescheidenen Elemente wird unweigerlich Leben erschaffen, quasi aus nichts. Aus dünner Luft, dem Mehl und den Mikröbchen darin. Man könnte glatt an höhere Mächte glauben. Hätte Dr. Frankenstein das gewusst, wäre er Bäcker geworden und hätte seiner bejammernswerten, so grob zusammengeflickten Kreatur viel Liebeskummer erspart. Die Älteren unter den

Lesern, die noch die Yps-Hefte kennen und sich an die sensationellen Ausgaben erinnern, denen ein Tütchen mit Eiern von Urzeitkrebsen beigelegt war, kennen dieses Gefühl, alle drei Minuten nachschauen zu müssen, ob sich schon was tut. Dafür steht man sogar nachts auf. Atmet er, sie, es? Ist er, sie, es schon gewachsen? Die Akribie, mit der selbst lässige bis nachlässige Charaktere mit Markierungen am Glas das Wachstum protokollieren, ist bemerkenswert. Verabredungen werden dem Sauerteig zuliebe abgesagt oder vergessen. Selbst das Essen verliert bei der Arbeit an der Geburt eines Vaters oder einer Mutter zahlloser Brote an Bedeutung. Einen Sauerteig ansetzen ist ein bisschen wie verliebt sein. ER ist der erste Gedanke am Morgen und der letzte am Abend. Man träumt von IHM. Es ist nicht übertrieben, von einer Zwangsstörung zu sprechen, aber immerhin ist es eine mit ausschließlich positiven Nebenwirkungen. Was nach Verzicht und Unterwerfung klingt, ist in Wahrheit ein Gewinn. Der Dopaminspiegel im Blut steigt bei der Aussicht auf die Belohnung: etwas Nahrhaftes, Reines, Gesundes vollkommen selbstständig hergestellt zu haben. Mit den eigenen kleinen Händen. Was könnte befriedigender sein?

Achtung, Achtung! Hier kommt die Achtsamkeit.

Doch es kommt ja noch besser: Diese ungewohnte Akkuratesse und die Hinwendung zu einem geliebten Objekt wirken sich auf sämtliche Lebensbereiche aus. Wenn man für einen Sauerteig sorgt, entwickelt sich Respekt. Vor Menschen, vor der Natur und vor klitzekleinen Dingen, ohne dass man sich dazu ermahnt fühlt, bitte schön endlich ein besserer Mensch zu werden. Im Achtsamkeits- und Fürsorgerausch tut man plötzlich viele andere adrette oder langsame und liebevolle Dinge. Ein sein Leben lang dem Schlendrian zugeneigter Mitmensch wusste zu berichten, dass er schon bald, nachdem er mit dem Brotbacken begann, nicht nur Mehl gewissenhaft abwog, sondern auch seine Worte. Er begann, das Hudeln* in seinen Handgriffen und Handlungen ganz generell zu vermeiden, und versuchte, nicht nur bei seinem Sauerteig die präzise Wohlfühltemperatur zu erfühlen. Er wurde empathischer und sorgfältiger. Er löste die Schnürsenkel seiner Schuhe, bevor er sie auszog, und stellte sie gerade nebeneinander hin. Er warf seine Kleider am Abend nicht mehr auf einen wachsenden Haufen, der gegen Ende des Monats oder des nächsten mit einem Bagger abgetragen werden musste, sondern hing sie nach

* Der Hudel ist ein nasser Lappen, mit dem man vor dem Backen einen Steinofen so husch, husch auswischt.

dem Ausziehen auf Bügel und in den Schrank. Er begann zu bügeln. Er verspürte Lust, seine Handschrift zu verbessern. Wollte die technischen Enzyme, die sein Leben beherrschten, das Smartphone und das Laptop, zum Fenster hinauswerfen oder einem Feind schenken und sich einen Füllfederhalter kaufen. Gedichte wollte er schreiben und Oden, Briefe oder immerhin Ansichtskarten und Einkaufszettel, die klingen wie Poesie: Roggenmehl, Meersalz, Teigkarte, Thermometer, Gärkörbchen. Das war, nachdem der Mensch bereits ein Vierteljahr auf Sauerteig war. Das stundenlange verliebte Starren auf Sebastian, Sibylle oder Siggi im Schraubdeckelglas und die seismografische Wahrnehmung jeder Regung machten ihn so mitfühlend, dass er begann, regelmäßig bei seinem betagten Nachbarn vorbeizuschauen, denn ihm wurde gewahr, dass es auch größere Lebewesen gab, die man mal fragen könnte, wie es ihnen geht. Dabei sah er richtig gut aus, der Hobbybäcker, denn er ging immer öfter zur gleichen Uhrzeit schlafen wie sein Sauerteig und sah am Morgen so unternehmungslustig und prall aus wie dieser.

* * *

Sinnlichkeit

Von Augen, Ohren, Nasen und Händen, **von Wärme, Duft und allerhand guten Gefühlen.**

Fragt man 23 Männer und neun Frauen aus Lutz' Brotbackkursen, fragt man semiprofessionelle, besessene, richtig gute Hobbybäcker und fragt man Lutz Geißler selbst, „Denkst du, wenn du backst – und wenn ja, was?", ist die Antwort bei allen dieselbe: „Nichts." Ist das nicht eine Enttäuschung? Wie erschreckend unoriginell! Angeblich gerät der brotbackende Mensch in den sogenannten Flow und kann sich beim Anschneiden des Brotes wie nach einem Rausch an nichts erinnern. Beim Backen, so scheint es, vergessen er und sie also alles um sich herum und sich selbst gleich mit. Erstaunlich! Dabei muss man bei dieser Tätigkeit während aller Schritte hellwach und mit sämtlichen Sinnen bei der Sache sein. Dauernd muss man rechnen und wiegen und messen und vor allen Dingen muss man etwas fühlen! Man muss sehen, tasten, riechen und sogar hören. Es nützt dem

Backergebnis sehr, penibel auf Temperaturanzeigen zu achten und die Uhr oder wenigstens den Kalender im Auge zu behalten. Man muss wissen, was man tut.

Unter der Klarsichtfolie Sodom und Gomorrha.

Man macht drastische Erfahrungen! Unter der Klarsichtfolie herrschen Sodom und Gomorrha. Es ist ohne Worte, welche Orgien sich dort abspielen. Eigentlich müsste man den Sauerteig vor Kinderaugen verstecken. Wie erklärt man ihnen, dass er immer größer wird? Die niedlichen Milchsäurebakterien haben niedliche dicke Bäuche bekommen, weil man sie so lieb füttert und sie so viel futtern? Nein! Sie sind schwanger. Sozusagen jedenfalls. Ein Sauerteig lädt wirklich zu kühnen Fantasien ein. Die Mikroorganismen haben keine Hemmungen. In der Schüssel findet ein einziges unanständiges, pausenloses Kopulieren, Fressen, Pupsen und Verdauen statt. Und dieser stundenlange Exzess, der macht das Brot dann so bekömmlich. Es geht sowas von zur Sache. Man steckt manchmal bis zu den Achselhöhlen in Teigbergen. Es glitscht und klebt und macht Geräusche. Oder aber es fühlt sich überirdisch sanft an. Mehl, so weich, dass man vor Wonne seufzen will, wenn man seine Hände darin vergräbt, und es rieselt so unfassbar leis'. Das vergisst man doch nicht! Wegen dieser betörenden Angebote an alle Sinne backt man doch! Und man lernt unweigerlich, feinfühliger zu werden. Feingefühl ist eine Fähigkeit, die nicht nur im Umgang mit Teig, sondern auch mit den Liebsten ungemein nützlich ist. So ein Sauerteig sendet sehr subtile Botschaften aus und sie dechiffrieren zu lernen, kann im Umgang mit kapriziösen Menschen, die erwarten, dass man ihre Gedanken liest, sehr helfen. Vor allem dann, wenn man ihnen diesen Gefallen aus Liebe gar zu gerne täte.

Alle Sinne beisammen.

Auf dem weiten Weg in den Ofen erzählt einem der Brotteig bei einer zärtlichen Berührung seines klebrigen Daseins, wie es in ihm drinnen aussieht. Beim Blick in die Augen der Bläschen, am Knisterklang, wenn sie platzen, erkennt man den Seelenzustand des Sauerteigs. Die Nase sagt uns, welche Persönlichkeit wir vor uns haben. Riecht er bodenständig nach Sauerkraut? Freundlich nach Apfelkeller? Zickig nach Nagellackentferner, würzig-scharf nach

Wandersocken am Ende der Wandersaison? Ist er eine zitrusfruchtige Frohnatur oder eine verwegene Schnapsdrossel? Es gibt Starter, die kumpelhaft nach Wiener Würstchen riechen oder nach Räucherspeck. Jeder ist anders, jedes Mal. Sagen Sie deshalb nie zu einem Sauerteig: „Ich kenne dich." Er wird Sie eines Besseren belehren. Es ist einen Versuch wert, einen Mitmenschen, am besten einen, den man gut zu kennen glaubt, so aufmerksam anzuschauen, als wär's das erste Mal, und mal zu sehen, was man da sieht. Mit den Ohren backt man ebenfalls. Wann gut ist mit Kneten, erkennt man am Schmatzen. Nicht am eigenen, sondern an dem des Teigs. Weil das alles so irre sinnlich ist, darf man Bäckern nicht glauben. Sie denken an nichts? Mitnichten! Das ist gelogen. Von wegen ehrliches Handwerk! Sie genieren sich bloß zu sagen, woran. Diese ganze Fühlerei ist ja in der Tat auch sehr privat. Sicher ist die Frage auch viel zu unpräzise gestellt. Sie müsste lauten: „Woran denkst du beim vorsichtigen Kneten eines bemehlten, samtigen, elastischen, körperwarmen, weichen Teigs genau? Also ganz genau? Welche Bilder siehst du vor deinem inneren Auge? Und woran denkst du beim beidhändigen Kneten und Formen von zwei samtig-weichen, elastischen, körperwarmen Teigstücken? Hm? Woran? An nichts? Echt jetzt?" Eine einzige aufrichtige Auskunft gab es in der Umfrage. Ein Herr sagte mit umflortem Blick: „Ich denke an Veronika."

Der backende Mann.

Normalerweise sind in Fortbildungs- und Menschwerdungs- beziehungsweise Charakterbildungsangeboten, die das Leben, die Volkshochschule etc. machen, überwiegend Frauen. Die sind wohl generell etwas unternehmungslustiger. Beim Yoga beispielsweise ist das Verhältnis in der Regel 99:1. Hier kommt aber selbst nach einem ganzen Wochenende Turnen und Nach-innen-Schauen nichts Leckeres mit knuspriger Kruste heraus und der ergebnisorientierte Mann findet das vielleicht unbefriedigend. Nicht so in Backkursen von Lutz Geißler. Alles lecker und knusprig und das Verhältnis von Mann zu Frau ist tendenziell ausgewogen. Das mag auch an den beschriebenen haptischen Reizen des Backens liegen, auf die Männer besonders ansprechen. Küchen- beziehungsweise backstubenpsychologisch betrachtet kommen weitere Gründe infrage – und die seien hier erwähnt, im vollen

Bewusstsein des Risikos, mieser, oller Rollenklischees bezichtigt zu werden: Der backende Mann strahlt ähnlich wie der holzhackende Mann Fürsorglichkeit und Verantwortungsgefühl aus. Er erledigt die Grundversorgung. Essen. Wärme. Urig. Fertig. In dieser Rolle gefällt sich das Männchen selbst sehr und Weibchen findet es anziehend bis sexy – und das wiederum gefällt dem backenden Mann. Eine runde Sache also, das Brotbacken.

Sagabona kunjani wena.

Die Herren in Lutz' Backkursen sind zwischen 20 und 80, haben durch die Bank appetitlich definierte Arme und die Erfahreneren sind sehr geschickt mit den Händen, das ist eine Freude zuzuschauen (und dabei natürlich an nichts zu denken.) Vor allem, wenn sie mit diesen hochsensiblen, luftigen Hefeteigen hantieren, für Focaccia oder Baguette, die sich wie substanzlose, duftige Schäumchen unter zarter Feenhaut anfühlen. Unformbar eigentlich. Wolken aus Wasser und Mehl. Himmlisch! Also wirklich, als ob das nicht assoziativ wäre. Echt. Noch herausfordernder für das Geschick – und möglicherweise etwas, von dem nicht nur der Backende selbst,

die Krume und die Kruste profitieren, sondern auch ihm in Liebe verbundene Mitmenschen – ist übrigens das Formen eines Teiglings aus Roggensauerteig. Sehr weich, sehr warm, sehr klebrig. Da heißt es, die Kraft der wohldefinierten Arme extrem fein zu dosieren. Insbesondere dann, wenn Ihnen der Vorwurf, grobmotorisch veranlagt und zu wenig zärtlich zu sein, bekannt vorkommt, sollten Sie sich diese Fertigkeit zum Genuss aller Beteiligten aneignen. Erwägen Sie dann bitte auch, die Menge zu vervielfachen und zärtliche Zuwendung, behutsames Drehen und Wenden einmal ganz, ganz intensiv zu üben … Dazu einfach die Teigmenge verdoppeln, verdrei- oder verzehnfachen. Lutz Geißler empfiehlt: am besten rhythmisch rangehen, locker bleiben in den Knien. Keinen Druck ausüben, entspannt sein, laid back. Musik kann helfen. Wer kennt nicht dieses Lied der dänischen Band Laid Back mit dieser unvergesslichen Swahili-Zeile:
Bakerman – sagabona kunjani wena. You've got to cool down. Take it easy. You've got to cool down. Relax, take it easy. Slow down. Relax. Slow down. Relax. It's too late to worry. Slow down, take it easy …* Ja, so geht's!

* Bakerman, Laid Back, 1989, Musik/Text: Tim Stahl, John Guldberg.

Der Augenblick, in dem das Brot im Ofen verschwindet, ist im Brotbackprozess epochal, denn jetzt übernimmt der Duft die Macht und so manch einer sagt, eigentlich nur des Duftes wegen, nur deshalb backe er. Dieser Duft, der in wenigen Minuten die Küche, den Flur, alle Räume, das Treppenhaus flutet, der auf die Straße hinaushaucht und in zarten Schwaden durch das Stadtviertel schwebt, macht etwas mit jedem, dessen Riechzellen intakt sind. Niemand kann sich diesem Effekt entziehen. Trifft nur ein einziges Duftmolekül auf diese zwei Quadratzentimeter große Stelle im oberen Teil der Nasenhöhle, auf Höhe der Augen, wo zehn Millionen Riechzellen olfaktorischer Reize harren, wartet das kleine Brotduftmolekül nicht im Vorzimmer der Emotionen. Es flitzt ohne Kontrolle von Papieren und Aufenthaltsgenehmigung an den Nervenzellen vorbei direktemang ins Gehirn und schaltet den Boss einfach aus. Im limbischen System fliegen sämtliche Schubladen auf, in denen Erinnerungen und Gefühle rumliegen. Ganz egal, wie alt sie sind, jetzt werden sie lebendig. Wenn hier ein Geruch etwas triggert, ist's passiert. Man kann noch so kritisch darüber nachdenken, ob uns der Duft nach frisch gebackenem Brot gefühlsmäßig etwa irgendwie manipulieren will, und beschließen, dass wir das durchschauen, es nützt nichts. Der Geruchssinn ist der älteste unserer Sinne und der am meisten unterschätzte. Er hat die größte Macht über uns vernunftbegabte, intelligente Krone der Schöpfung. Vielleicht liegt das daran, dass er uns am deutlichsten zu einem Tierchen macht, das instinktiv handelt und nicht immer alles im Griff hat, am wenigsten sich selbst. Unsere Nase entscheidet, wen wir mögen, wen wir lieben und erst recht, mit wem wir uns vermehren möchten. Wo es nach Brot duftet, fühlen wir uns geborgen und beschützt. Wo es nach Brot duftet, ist Frieden, hier sind wir sicher. Hier werden wir ernährt. Hier ist ein Ort, an dem man über die nächsten zwei Stunden hinaus zu planen imstande ist. Hier ist zu Hause. Brot duftet nach Liebe. Und wenn der häusliche Frieden mal schief hängt, wenn man die Worte nicht über die Lippen bekommt, die irgendwie Entschuldigung sagen oder „Ich lieb dich trotzdem, du Hirsch", dann kann man alternativ ein Brot in den Ofen schieben. Man darf ausnahmsweise mit dem Anschneiden nicht warten, bis es abgekühlt ist. Man drückt es fest vor seine Brust und säbelt dem oder der oder den Liebsten eine richtig dicke Scheibe von dem warmen Laib herunter, so, als wär's das eigene Herz. Man lässt ein Stück Butter darauf schmelzen und alles ist wieder gut. Alles. Wetten?

Der Geschmack macht sprachlos.

Sollte es nichts wiedergutzumachen geben und es droht niemand zu verhungern, wenn Sie Ihr frisch gebackenes Brot nicht sofort zum Verzehr freigeben, könnten Sie es zur Steigerung des Glücksgefühls ein weiteres Mal mit Geduld und Mäßigung versuchen: Teilen Sie sich das Brot für sieben Tage ein, gehen Sie auf eine sensorisch-olfaktorisch-gustatorische Reise und kehren Sie mit verfeinertem Geschmackssinn zurück. Als Souvenir werden Sie aparte Adjektive mitbringen, die das Erlebnis präziser beschreiben als mit „echt lecker".

Denn gutes Brot wird jeden Tag besser. Frisch aus dem Ofen und umwabert von Röstaromen können uns selbst die tristesten Schrippen täuschen. Sie lassen uns das Wasser im Munde zusammenlaufen, wenn wir sie abends frisch aufgebacken und noch ofenwarm mal eben von der Tanke mitnehmen und gierig verschlingen. Am nächsten Morgen erwachen wir mit einem unguten Gefühl im Bauch, wie nach rein triebgesteuerten Begegnungen üblich, bei denen einem innere Werte gestohlen bleiben. Die knusprige Schrippe von gestern Nacht ist nicht wiederzuerkennen, ist vertrocknet und schmeckt fader als Staub. Desillusionierend. Aber: Das Ende von Illusionen ist eine prima Sache, denn nun kann man sich dem Guten, Schönen und Wahren zuwenden. Gutes Brot, so richtig gutes wie das, das Sie im Anschluss backen werden, reift und entwickelt mit jedem Tag, das es älter wird, neue Geschmacksfacetten.

Schmeckt mit ohne alles.

400 verschiedene Geschmacksnoten und Aromen schmecken Leute aus Brot heraus, die es können. Es schmeckt morgen anders als heute oder überübermorgen. Die Kruste schmeckt anders als die Krume. Sie werden es am ersten Tag mit Süßrahmbutter und Himbeermarmelade zum Frühstück essen wollen. Am zweiten mit uraltem Gouda und schwerem Rotwein am Abend. Am dritten wollen Sie Gurke drauflegen und Radieschen, die Butter drunter gern gesalzen und aus Sauerrahm, dazu ein Bier. Und am vierten kommen Sie endlich dahinter: Am allerbesten schmeckt's mit ohne alles!

Einfach nur für sich allein – eine pure Freude, die volle aromatische Pracht. Sie können das nachempfinden, wenn Sie sich Zeit nehmen und mal Folgendes machen: Drücken Sie das angeschnittene Brot zusammen und atmen Sie tief durch die Nase ein, was aus den Poren strömt. Dann drücken Sie Ihre Nase in die Krume. Ja, genau. Richtig nah ran mit dem Zinken. Und? Machen Sie die Augen zu. Wie riecht es? Was außer „lecker" fällt Ihnen ein? Urig? Sauer? Malzig? Salzig? Röstig? Würzig? Mild? Ist es fruchtig? Frisch fruchtig oder trocken fruchtig? Duftet es gärig, blumig, süß? Vanillig? Nach Kohl, Kartoffeln, Kaffee oder Karamell? Fleischig? Pilzig? Erdig? Holzig? Feurig? Nach Malz oder nach „Ich will mehr!"? Dann ist es an der Zeit, ein Stückchen abzuschneiden, zu befühlen, in den Mund zu nehmen und zu kauen. Und schon geht's vielleicht noch etwas genauer. Säure wie von Aceto balsamico? Fruchtig wie Apfel? Nussig wie Kastanie oder eher wie Haselnuss? Ihre Zunge und Ihre Nase werden Augen machen, wie der Geschmack sich mit der Zeit verändert. Gerade weil es so alltäglich ist, hat Brot es verdient, dass man näher hinschmeckt und guckt und tastet. Wenn Sie das Brot mit der Schnittstelle auf ein Holzbrett stellen, bleibt die Kruste knusprig. Wenn Sie es dem Brot ein bisschen gemütlich machen möchten, können Sie ein Leinentuch darüberlegen, Sie müssen nicht. So hält sich das Brot locker eine Woche. Theoretisch. Aber legen Sie es nie, niemals in den Kühlschrank. Bitte. Nie. Versprochen?

* * *

Geduld

Von der wiedergefundenen Zeit **und der Schönheit des Wartens.**

Sind Sie jemand, der bei Rot über Ampeln geht? Der mit den Hufen scharrt, wenn der E-Mail-Korrespondenzpartner am anderen Ende des Äthers nicht bereits antwortet, bevor Sie auf Senden gedrückt haben? Fahren Sie aus der Haut, wenn sich Schlangen bilden? Regt es Sie wahnsinnig auf, dass Ihr Beruhigungstee acht Minuten ziehen muss? Sie können den Sommer nicht erwarten, den Winter aber auch nicht. Das Warten auf das Einschreiben der IFAG Mannheim macht Sie irre. Wenn sich die Minuten bis zum Touchdown des Fliegers aus Ottawa ziehen wie ein reifer Weizensauerteig mit richtig, richtig viel Gluten, dann drehen Sie am Rad. Und wenn Sie die letzte Seite dieses Buches längst gelesen haben, müsste man Ihnen gleich noch einmal eine Dosis Rilke verpassen. Es ist nämlich so, wie er es in einem seiner Briefe an einen ungestümen jungen Dichter schreibt, der es nicht erwarten kann, ein weiser alter Dichter zu werden. Neben anderen wundervollen Sätzen, die man mit manikürten Händen und haarfeinen Seidenfäden auf Damast sticken möchte, so schön sind sie und so tröstlich, bittet Rilke den jungen Mann, geduldig zu sein und den Dingen ihre eigene, stille, ungestörte Entwicklung zu lassen, die tief von innen kommt und durch nichts gedrängt oder beschleunigt werden kann.* Da haben Sie's schon wieder. Das kann man doch direktemang vom Dichten aufs Backen übertragen. Und vom Backen auf das ganze Leben.

Geduld üben.

Derber als Rilke formuliert man es in Köln: „Et kütt, wie et kütt." Es gibt Dinge, die sind halt, wie sie sind, und sie brauchen so lange, wie sie brauchen. Man kann auch einfach mal Vertrauen haben. Irgendwann kommt der Flieger aus Ottawa. Irgendwann geht der Teig auf. Mit der Wahl des Mehles können Sie in begrenztem Rahmen Einfluss nehmen. Wahrscheinlich auch mit Ihrer Laune. Mit der Temperatur des Wassers und des Raumes lassen sich Entwicklungen beschleunigen. Doch selbst allergrößte Präzision beim Befolgen eines Rezepts darf Ihnen nicht vorgaukeln, Sie seien der

* Verweis: Brief von Rainer Maria Rilke an Franz Xaver Kappus, Viareggio bei Pisa (Italien) am 23. April 1903.

Chef und hätten alles unter Kontrolle. Diese mikroskopisch kleinen Kerlchen im Teig werden Sie Demut und Geduld lehren. Sie werden sich nach Ihrem Teig zu richten haben, nicht umgekehrt. „Et hätt noch emmer jot jejange" ist ebenfalls aus Köln und wird gern zur Beruhigung eingesetzt. Das hingegen stimmt leider nicht. Ein Sauerteig ist reif, wenn er das will. Das kann dauern. Kann aber auch überraschend schnell gehen. Mal so. Mal so. Mal anders. Und wenn Sie ihn warten lassen, könnte es zu spät sein. Dann müssen Sie von vorn anfangen. Doch zum Glück gibt es Schlimmeres. Übung macht den Bäckermeister. Übung in Geduld erst recht.

Eine Erfahrung im Sich-gehen-Lassen.

Eines Frühsommers nahm die Autorin an einem Brotbackkurs bei Lutz Geißler in Sehmatal-Cranzahl teil. Das ist im Erzgebirge. Genau besehen ist diese Gegend allerdings eher ein Erzgehügel. Ihre Herberge befand sich in Crottendorf unweit des Scheibenbergs und von Cranzahl durch einen schmalen Höhenzug getrennt. Sie besaß kein Auto, mit dem sie diesen hätte umfahren können, und so wanderte sie jeden Morgen um Viertel nach sechs in östlicher Richtung sieben Meilen zur Backstube und am Abend wieder zu ihrer Kammer zurück. Der Weg überquert einen Bach und führt durch einen finsteren Wald, in dem alte Fichten gewaltige Felsbrocken zwischen ihren Stämmen gefangen halten, und wenn man gewollt hätte, hätte es einem dort etwas unheimlich sein können. Auf der Alten Salzstraße geht es an Getreidefeldern vorbei wieder bergab, bis man erneut einen Bach überquert. „Wie hübsch!", dachte sie, „Getreide! Wasser! Salz! Ein Brotscheibenberg! Und das auf dem Weg in eine Backstube!" Sie fühlte sich herrlich bäckergesellig, erst recht so altmodisch und zeitintensiv auf Schusters Rappen unterwegs zu sein. Im automobilen Menschenbeschleuniger hätte sie nicht vom Raubmordstein erfahren, hätte den Wegweiser nach Siebensäure übersehen und sicher auch das Vogelhäuschen mit großem roten Stern, in dem ein marxistisch-leninistisches, unverheiratetes, zu dem Zeitpunkt kinderloses Blaumeisenpaar wohnte. Geht man sehr schnell, was sie gewöhnlich tat, geht man eine Stunde. Da sie Rilke gelesen und ein wenig über Geduld und Backen gelernt hatte, versetzte sie sich am zweiten Kurstag mental in einen luftigen Hefeteig für Focaccia und ließ sich etwas länger gehen. Das Experimentieren mit dem Finden der Gehgeschwindigkeit brachte eine wichtige Erkenntnis: Langsam gehen ist gut! Nicht nur für Teige, auch für Menschen. Man muss das individuelle Lebenstempo finden. So wie man geht, soll man auch alles andere machen. Wenn man sich beeilt, macht man sich nervös. Sich und andere. Es ist, als versetze man sich aktiv in einen Alarmzustand. Reduziert man das Tempo von den durchschnittlichen 1,49 m/s nur minimal auf 1,32, erhöht sich augenblicklich das Wohlbefinden. Aufpassen muss man allerdings, wenn man bereits natürlicherweise im Schneckentempo unterwegs ist. Auch da ist der Teig dem Menschen ähnlich. Ohne ein Minimum an Körperspannung, ohne den Willen zu wachsen, kommt man nicht weit, da geht nichts.

* * *

Konzentration

Vom fesselnden Vergnügen **des radikalen Monotaskings.**

Der Wunsch, mehrere Dinge unter einen Hut zu bringen, ist zwar nachvollziehbar, denn Effizienz finden Angehörige von Leistungsgesellschaften gut. Doch was nützt es am Ende? Nichts. Was hat uns die Wendejacke gebracht? Der Hosenrock oder das Schlafsofa? Die einen sehen unentschlossen aus und sitzen nicht gut. Auf dem anderen kann man weder bequem sitzen noch gut schlafen – und ästhetisch ist das Doppelmoppelmöbel ebenfalls nichts Halbes und nichts Ganzes. Die fragwürdigste Erfindung zum Zwecke der Effizienzsteigerung und Zeitersparnis ist, gleich nach dem Backautomaten und den Backenzymen, der Coffee to go. Nur wenn es um Leben oder Tod geht, gibt es auf dieser Welt Grund, mehrere Dinge gleichzeitig zu tun und sich zu beeilen: wenn man ein Spermium ist und es ist Eisprung oder wenn der Sauerteigstarter gerade verhungert.

Entschleunigen! Aber schnell!

Wie kommt es, dass alle Welt von Entschleunigung spricht und dabei im Laufschritt aromatische Heißgetränke zu sich nimmt? Addiert man zur Durchschnitts-Gehgeschwindigkeit von 5 km/h die 1.670 km/h Rotationsgeschwindigkeit der Erde hinzu – das ist übrigens Relativitätstheorie –, entspricht das dem Kaffeetrinken bei einem Sechshunderttausendstel der Lichtgeschwindigkeit. Bei 1.675 km/h. Das gibt doch Flecken! Und es geht vollends am Sinn des Kaffeetrinkens vorbei. Im Gehen Kaffee trinken ist das Gegenteil des Konzepts des Kaffeetrinkens. Kaffeetrinken heißt stehenbleiben, hinsetzen, innehalten und vor allem: Kaffee trinken. Inzwischen nimmt der genussunfähige Zeitgenosse nicht nur Getränke, sondern mehrgängige warme Mahlzeiten im Gehen zu sich. Mit Sauce und zwei Beilagen. Während er auf einem dummen Smartphone diese und jene Accounts checkt und auf einem zweiten doofen Ding in zweifelhafter Selbstoptimierungsabsicht einer Achtsamkeitsunterweisung auf seiner Entschleunigungs-App nicht zuhört, denn in Gedanken ist er bereits im nächsten und übernächsten und überübernächsten Meeting oder zurück im vorletzten.

Sein, wo man ist.

Ein Mensch, der da, wo er ist, nicht anwesend ist, verpasst sein Leben. Er verpasst in diesen kostbaren, einmaligen, unwiederholbaren, unwiderruflich vergangenen Minuten seines einem Wunder gleichenden Daseins (Seite 49, die Sache mit dem Spermium und der Eizelle) die gesamte Opulenz der Gegenwart.

Ihm entgeht beispielsweise Folgendes: Der Himmel ist himmelblau. Ein Mitmensch lächelt. Es gibt die ersten Kirschen. Es gibt viele Grüntöne. Die Elstern haben Junge. Der ferne Verkehr klingt wie das Rauschen des Meeres bei Biarritz. Am Ohr kitzelt ein Härchen. Die Socke rutscht. Man möchte singen. Eine schöne Dame trägt ein schönes Kleid und Maiglöckchenparfum. Hinter einem geöffneten Fenster spielt jemand das Nocturne Opus 20 in c-Moll von Chopin. Feiner Sand knirscht unter den Ledersohlen teurer Schuhe. Der Kaffee ist aus einer Arabica-Mischung aus 73 % indonesischen und 27 % vietnamesischen Bohnen, die 19,2 Minuten im Kupferkessel bei 132 °C geröstet und mit 87 °C heißem Wasser aufgebrüht wurde. Köstlich. Entgeht ihm aber auch.

Tun, was man tut.

Was will uns die Autorin mit diesen vielen Zeilen sagen, in denen noch nicht mal eine einzige dünne Scheibe Brot vorkommt? Dass in Eile und ohne bei der Sache zu sein, nichts Gutes werden kann. Erst recht kein gutes Brot. Wenn man mit dem Kopf in einer anderen Zeitzone ist als mit den Füßen, braucht man beim Backen sehr viel Glück. Aber wenn man so verstrusselt durch die Welt jagt, ist man genau der Typ, dem ein Sauerteig beglückendes Monotasking beibringen kann. Ihm wird diese zeitintensive Beschäftigung, die Interesse, Liebe, Vertrauen, Hingabe, Hinsehen, Hinhören – den vollen Einsatz aller Sinne – braucht, ganz besonders gut tun.

Das Backen bietet unendlich viele Gelegenheiten, das Wahrnehmen der Gegenwart zu üben. Die Übungen stimmen friedlich und gehen fast als Meditation durch. Für eine der schönsten und beruhigendsten schieben Sie das Brot in den Ofen und setzen sich mit gerade aufgerichtetem Rücken vor das Backofenfenster. Das kann im Schneidersitz sein oder auf einem Stuhl. Hauptsache, es ist bequem, damit Sie nicht nur an das Ende Ihrer Sitzung denken. Schauen Sie nun unter halb geschlossenen Lidern hindurch ihrem blassen, weichen Teigling bei der Transformation in ein prachtvolles, kraftstrotzendes, tiefbraunes, in sich ruhendes Roggenbrot zu. Einatmen. Ausatmen. Einatmen. Ausatmen. Einatmen. Ausatmen. Immer wieder den Rücken aufrichten. Das Brustbein heben und schon mal ein bisschen stolz sein. Die ideale Dauer dieser Ofenkino-Meditation beträgt rund 45 Minuten.

* * *

Großzügigkeit

Vom **Freudeverbreiten.**

Mit allen wirklich wichtigen Dingen im Leben verhält es sich so: Sie gehören einem nicht. So wie die Schönheit einem nicht gehört. Die Wahrheit. Die Liebe. Sonne, Mond und Sterne. Wie die Luft, das Meeresrauschen und der Duft der Blumen. Wie der Wind, der in ein Roggenfeld pustet und es aussehen lässt wie Fell. Alles nicht deins. Alles nicht meins. Eine freundliche Gesinnung gehört einem genauso wenig wie ein großes Herz, ein richtig guter Witz oder gutes Brot sowie die materiellen und immateriellen Zutaten dafür. So etwas gehört gefälligst geteilt. Und welche Freude es macht, ein Brot zu verschenken! Welche Freude es macht, ein Brot geschenkt zu bekommen! Es gibt Bäcker, für die ist das Beglücken von Freunden, Familie, Nachbarn und anderen Hungrigen das Beglückendste an der ganzen Brotbackerei. Brot ist ein knuspriges Beispiel für den oft in Vergessenheit geratenen Unterschied zwischen dem Preis und dem Wert einer Sache.

Nicht nur aus kaufmännischer, auch aus gefühlskaufmännischer Sicht stehen Aufwand und Ertrag beim Brotverschenken in einem wirklich extrem guten Verhältnis. Das Strahlen in den Augen von jemandem, dem man ein selbstgebackenes Brot schenkt, ist unbezahlbar.

Ein Sauerteig gehört allen.

Und wenn Sie sich an das Wagnis machen, einem Sauerteig das Leben zu schenken, dann müssen Sie lernen, den Kleinen loszulassen. Ja, obwohl es anstrengend und mühsam war. Ja, trotz der schlaflosen Nächte und trotz der ständigen Angst, er könnte einfallen und Ihr Brot ein flatschiger Fladen werden. Der Tag wird kommen und Ihr Sauerteig will sich, das ist nun mal seine Natur, vermehren – und zwar nicht zu knapp. Er will es mit allen machen. Er will mit jeder Milchsäurebakterie und jeder Hefe, die gerade zu haben ist, Brotkinder machen, die Brotkinder machen sollen. Wenn Sauerteig groß genug ist, um auf eigenen Beinen zu stehen, lassen Sie ihn ziehen. Geben Sie ihn her. Tauschen und verschenken sie ihn, jedenfalls zum Teil. In kleinen Portionen, die reichen, um damit circa 750 Gramm Glück zu backen. Stellen Sie sich nachts mit hochgeschlagenem Mantelkragen an einen zugigen S-Bahnhof in die schlecht beleuchtete Ecke vis à vis der geschlossenen Dönerbude, um Gesinnungsbrüder und -schwestern mit der heißen mikrobiologischen Ware zu versorgen. Auf den Glienicker Brücken dieser Welt werden Sie im Nebel auf den russischen Austauschsauerteig warten oder in der Kaschemme beim Fluss einem anonymen Sauerteigaktivisten auf den geflüsterten Code „Lactobacillus plantarum, Lactobacillus brevis et Saccharomyces cerevisiae"* eine Dosis Anstellgut rüberschieben, damit er noch in dieser Nacht zur Tat schreiten kann. Denn wenn der Wille zum Backen einmal da ist, kann tagelanges Warten auf den reifen Starter unzumutbar werden. Keines der Brote aus dem Sauerteig, den Sie weitergeben oder bekommen, wird dem anderen gleichen. Kein Brot wird schmecken wie das erste, das Sie mit ihm gebacken haben. Jeder neue Sauerteig wird anders sein als sein Papa, weil er sich auf seine neue Wirkungsstätte, die andere Stimmung, die anderen Menschen und die dortige Flora und Fauna der Luft um ihn herum einstellt.

* Milchsäurebakterienarten und Hefen

Wer hat noch nicht, wer will noch mal?

Wenn dieses Geben und Nehmen Kreise um Kreise zieht, wird es eines Tages nur noch gutes Sauerteigbrot und Menschen mit guter Verdauung und guter Laune geben. Und damit das keine surreale Vision bleibt, wurde mit diesem Büchlein auch eine Website geboren, auf der sich jeder und jede eintragen kann, der/die irgendwo auf der Welt Sauerteig an Leute abgeben kann, die welchen brauchen. Auf der Landkarte der Website kann man sehen, um welche Ecke man mal eben flitzen kann, um Gläser und Erfahrungen zu tauschen – und Lutz könnte darauf wetten, dass diese Ecke immer ganz in Ihrer Nähe sein wird. Die Ecke muss auch nicht unbedingt zugig sein.

www.sauerteigboerse.de

* * *

Konsequenz

Von positiver Einstellung zum **Negativfilm, zu Vollkornfotopapier und zum Zufall.**

Um ein ursprüngliches, gutes Brot zu backen, braucht man vier Zutaten: Mehl, Wasser, Salz und Zeit. Und was braucht man, um ein ursprüngliches, gutes Foto von diesem urigen Brot herzustellen? Eine digitale Spiegelreflexkamera, einen Haufen hipper Retrofilter, einen alchimistisch bewanderten, ruchlosen Foodstylisten und dann zum Schluss reichlich Photoshop. Echt? Diese Vorstellung ist so geschmacklos wie Brot von der Tanke. So zu fotografieren wäre, bildlich gesprochen, wie Backen mit exogenen Enzymen, Backpulver und künstlichen Aromastoffen im Backautomaten. Es wäre das Gegenteil dessen, wofür Lutz Geißler steht und was das Thema dieses Buches ist: das stille Glück der Langsamkeit, der Ehrlichkeit und des Zufalls zu feiern. Digital wäre Verrat. Wir wollten konsequent sein. Deshalb sind die Bilder in diesem Buch auf die gleiche Weise, mit der gleichen Haltung, in einem ähnlichen Tempo und mit langen Entwicklungszeiten und dem Risiko, nicht perfekt zu sein, hergestellt worden wie die Brote, die sie zeigen.

Was für eine schöne Entwicklung.

Die Fotos sind genau wie die Brote kein Datensatz, sondern analog und anfassbar. So wie jedes Brot ein Unikat ist, echt und essbar, ist jedes Foto ebenfalls eins. Auf Negativfilm fotografiert. Auf Filmen, die wie vergessenes Anstellgut seit Jahren hinter der Aprikosenmarmelade und den Sardellen in einem Kühlschrank lagen und deren Haltbarkeitsdatum längst abgelaufen war. Sie waren müde, aber noch am Leben. Die Filme wurden in der Dunkelkammer von einem echten Menschen entwickelt. Von Hand auf Papier abgezogen. Jedes Bild ist das Ergebnis sorgfältiger gedanklicher, handwerklicher, künstlerischer Vor- und Nacharbeit, nicht trickreicher Computermanipulation. Einige der Fotos wurden sogar mit den einfachsten, reduziertesten Zutaten gemacht, die in der Fotografie denkbar sind: mit einer Lochkamera. So wie gutes Brot aus Wasser, Mehl und Salz besteht, sind diese Bilder nur mit Licht, mit lichtempfindlichem Material und einer Blackbox gemacht. Ehrlich und echt ist auch alles andere in diesen Bildern. Lutz und acht weitere Hobbybäcker haben für das Büchlein die „Brotagonisten" gebacken. Alle nach dem einen Rezept, um das sich alle diese Seiten voller Buchstaben und Bilder drehen. Es handelt sich bei einigen um Großneffen und Nichten, Söhne und Töchter von Lutz' namenlosem Sauerteig, der übrigens im Sommer 2018 seinen neunten Geburtstag feierte. Die Bäcker haben uns ihre Supermodels am 5. Mai in Hamburg übergeben und am 6. Mai haben wir sie in Bochum mit Hubertus Schüler in seinem Studio in Szene gesetzt. Anschließend haben wir sie ihrer Bestimmung zugeführt: Wir haben sie mit Fremden und Freunden, mit und ohne Butter, mit großem Genuss und gar nicht mal so langsam aufgegessen.

* * *

Lust

Rezepte und Anleitungen **zum Backen von 750 Gramm Glück**

Grau ist alle Theorie. Die Praxis ist es aber auch! Grau ist der Teig für unsere circa 750 Gramm Glück. Doch Sie werden staunen, in welch sattem, tiefem, malzigem Braun sich dieses saftige Roggenbrot präsentieren wird, wenn Sie es aus dem Ofen holen und wenn Sie es anschneiden. Vielleicht wird es Ihr erstes Brot sein, hoffentlich nicht Ihr letztes. Und möglicherweise ist es der Anfang einer lebenslangen Liebe.

Das machen Sie mit links. Oder mit rechts.

Anders als befürchtet, verlangt Brotbacken nur wenig Zeit von Ihnen und nur ein kleines bisschen Planung. Wenn Sie es sich zum Beispiel zur Gewohnheit machen, am Freitag drei Minuten vor der Tagesschau die wenigen im Folgenden aufgeführten Zutaten miteinander zu verrühren, haben Sie danach die ganze Nacht frei. Am Samstagmorgen um 7 oder 8 Uhr mischen Sie mit links oder rechts in weiteren zwei

Minuten den Hauptteig. Wenn Sie ihn mit der Hand mischen, müssen Sie allerdings mindestens weitere zwei Minuten einplanen, um diese Hand mit der sauberen Hand vom Teig zu befreien. Jetzt sind wir zusammengerechnet bei sieben Minuten Arbeit. Sie lassen den Teig eine halbe Stunde, in der Sie schon wieder was Schönes oder Nützliches oder Dummes oder nichts machen können, in Ruhe. Danach formen Sie den Teig im sprichwörtlichen Handumdrehen. Das dauert schätzungsweise zwei Minuten. Anschließend lassen Sie ihn circa eine Stunde machen, was er will. In aller Regel will er aufgehen. Sie können indessen dichten, putzen, meditieren, indischen Breitensport betreiben, Kinder erziehen, Aktienfonds managen oder die Wolken beobachten. Oder Sie schauen dem Ofen beim Aufheizen zu.

Dann brauchen Sie noch mal zehn Sekunden, um das Brot in den Ofen zu schieben, und zehn weitere, um es nach einer Stunde rauszuholen. Macht insgesamt neun Minuten und zwanzig Sekunden. Die werden Sie doch sicher einmal in der Woche an einem der sieben ihrer Tage zur Herstellung von circa 750 Gramm Glück übrig haben, oder?

Das Rezept **für den Sauerteigstarter**

Aus dieser schlichten Mischung, die auch Anstellgut genannt wird, kann der Vater ganzer Dynastien von Broten in allen Größen, Formen und Farben werden. Wenn Sie keine Zeit und keine Geduld haben, den Starter selbst herzustellen, konsultieren Sie bitte das Kapitel *„Großzügigkeit“* (Seite 54).

50 g Roggenvollkornmehl
60 g Wasser (etwa 50 °C)

Mehl und Wasser in ein verschließbares Glas oder in eine Schüssel geben, mit einem Löffel zu einer weichen, mörtelähnlichen Konsistenz verrühren und vor dem Austrocknen geschützt und möglichst warm (etwa 28–32 °C) ruhen lassen: Stellen Sie ihn beispielsweise in die Nähe der Heizung, auf die Lüftungsschlitze des Kühlschranks, lassen Sie ihn der Schlange im Terrarium Gesellschaft leisten oder stellen Sie ihn aufs Aquarium. Auch in einem auskühlenden Backofen fühlt er sich schön kuschelig. Im Sommer schaukelt er gern mit Ihnen in der Hängematte unter schattenspendenden Bäumen. Er kommt auch mit in die Sauna und geht mit Ihnen ins Bett.

Immer wenn sich das Gemisch ungefähr verdoppelt hat, wieder 50 g Roggenvollkornmehl und 60 g heißes Wasser zugeben und unterrühren. Wie schnell dieser Zustand erreicht ist, hängt sehr vom Mehl und von den Temperaturen ab. Das kann innerhalb eines Tages geschehen oder mehrere Tage dauern. Der Sauerteig sollte immer gefüttert werden, bevor er einfällt.

Mit frisch gemahlenem Vollkornmehl reift der Sauerteigstarter schneller. In den ersten 12 Stunden seines Werdens kann er mit dem Löffel nochmals kräftig durchgerührt werden, damit Sauerstoff ins Spiel kommt. Darauf sind die vermehrungsfreudigen Hefepilze und Milchsäurebakterien scharf.

Wird das Füttern zu stressig, weil der Sauerteig immer häufiger Hunger verspürt, kann er auch ausgebremst werden. Man nehme dann auf die 50 g Mehl und 60 g Wasser nur 5–50 g Sauerteig aus der letzten Fütterung. Je weniger davon verwendet wird, umso länger die Reifezeit, bis er sich verdoppelt hat.

Nach spätestens drei bis fünf Tagen voller Wärme und Futter sollte der Sauerteig angenehm säuerlich-fruchtig riechen. Dann ist es Zeit für seine Henkersmahlzeit. Wenn er sich um etwa die Hälfte vergrößert hat, füllt man 50–100 g davon in ein verschließbares Glas und ab damit in den Kühlschrank.

Der Sauerteig wird in den ersten Wochen noch nicht seine volle Aktivität zeigen. Er muss erst erwachsen werden, dazulernen und seinen Charakter formen. Je öfter er zum Backen verwendet wird, umso stärker und stabiler gelingt er.

Ab dem Moment, in dem Sie den Sauerteig im Glas in den Kühlschrank stellen, heißt er „Anstellgut", weil er zum Starten eines neuen Sauerteigs verwendet werden kann. Im Rezept auf Seite 66 werden zum Beispiel 50 g Anstellgut benötigt, um innerhalb von 12 Stunden den kompletten Sauerteig für das Roggenvollkornbrot herzustellen.

Vom reifen Sauerteig werden die 12 Stunden zuvor zugegebenen 50 g Anstellgut wieder abgenommen und kalt gestellt. Dieses Anstellgut kann innerhalb einer Woche ohne Probleme wieder zum Starten des Brotsauerteigs zum Einsatz kommen. Schafft man es nicht, einmal pro Woche zu backen, lässt sich das Anstellgut trotzdem am Leben halten (Seite 63).

Sollte mal Sauerteig übrig bleiben, kann man damit den Bewohnern des Komposthaufens eine große Freude machen oder gibt für alles, was wächst, einen kräftigen Schuss ins Gießwasser – 100 g Sauerteig auf 10 Liter Wasser sind eine nahrhafte Mischung. Sauerteig macht sich auch wunderbar als Geschmacksverstärker in Hefegebäcken, Mürbeteigen, Nudelteigen, Crêpes und Mehlspeisen aller Art. 5–10 g alter Sauerteig auf 100 g Mehl bewirkt Erstaunliches.

Der **Sauerteig**

250 g Roggenvollkornmehl
300 g Wasser (50 °C)
5 g Salz
50 g Anstellgut – d. h. Starter oder alter, geschenkter, geschnorrter, gestohlener Sauerteig

Die Sauerteigzutaten mit einem Löffel glatt verrühren und 12 Stunden bei westeuropäischer Raumtemperatur (etwa 20 °C) reifen lassen. Der Sauerteig sollte sich in dieser Zeit ungefähr verdoppeln und angenehm sauer riechen, die Oberfläche sollte nicht einsinken. Wenn's passiert, ist das kein Drama – das Brot wird bloß etwas saurer. Rührt sich Ihr Sauerteig kaum, üben Sie sich in Geduld (siehe Seite 44) und geben Sie ihm die Zeit, die er braucht, um sich frei zu entfalten.

Der Hauptteig

Gesamter Sauerteig
250 g Roggenvollkornmehl
125 g Wasser (100 °C)
5 g Salz

Bevor es losgeht:

Vom neuen Sauerteig die am Anfang zugegebene Menge (50 g) wieder abnehmen und bis zum nächsten Backen in einem verschlossenen Glas oder einer kleinen abgedeckten Schüssel an die kälteste Stelle im Kühlschrank stellen – als Anstellgut für Ihren nächsten Sauerteig.

Das kochende Wasser in eine leere Schüssel schütten, damit es der Sauerteig kuschelig warm hat. Das Salz zugeben und das Mehl als Hitzeschutz für den Sauerteig darüberstreuen. Sauerteig vorsichtig auf das Mehl geben.

Alle Zutaten in der Schüssel mit einem stabilen Löffel, einem Teigspatel oder maschinell zu einem glatten Teig vermischen, am besten jedoch mit der Hand, damit Sie ein Gefühl fürs Ganze bekommen. Sie tun sich einen großen Gefallen, beim Mischen nicht beide Hände zu nehmen, denn der Teig ist sehr, sehr klebrig und mit zwei klebrigen Händen sind Sie handlungsunfähig. Das Vermengen dauert 2–5 Minuten, wenn es Spaß macht, länger. Der Teig wird weder erbost noch glücklich über mehr Zuwendung sein. Roggen nimmt's gelassen.

Das Gemisch sollte die Konsistenz von klebriger Mörtelmasse haben und etwas mehr als handwarm sein. Ist der Teig zu fest, unbedingt handwarmes Wasser nachschütten. Je nach Beschaffenheit des Roggenmehles kann es sein, dass der Teig weniger Wasser binden kann. Deshalb beim ersten Versuch vorsichtshalber etwas weniger Wasser verwenden (zum Beispiel 25 g) und nachschütten, wenn der Teig zu fest erscheint.

Den Teig etwa 30 Minuten bei Raumtemperatur ausruhen lassen. Dabei sollte er fast nicht aufgehen.

Beim Formen müssen Sie ganz sensibel sein. Bringen Sie sich und ihn in Stimmung, Musik kann helfen, zum Beispiel dieses im Kapitel „Sinnlichkeit" erwähnte Lied mit der afrikanischen Zeile: „Sgabona kunjani weyna ... Bakerman … is baking bread…" Formen Sie den Teig im Takt rund. Ganz wichtig: Die Arbeitsfläche dick mit Mehl bestreuen, Hände bemehlen und den Teig so kompakt wie möglich daraufgeben. Mit der bemehlten Handfläche den Teig ganz behutsam von hinten unten nach oben zur Mitte heben und ganz leicht andrücken. Dabei den Teig mit der anderen Hand nahe der Arbeitsfläche stabilisieren, ohne Druck auszuüben. Auch hier sind Teige wie Menschen, dann geht oft gar nichts mehr. Den Teig ein wenig drehen – im Uhrzeigersinn oder dagegen. Weiter drehen und wieder heben und andrücken. Singen oder summen, jedenfalls keinesfalls das Atmen vergessen. Diesen Handgriff solange wiederholen, bis der Teig auf der Unterseite glatt und insgesamt kugelig rund ist. Noch mal: nicht zu stark zudrücken, sonst droht Fladenbrot und riesengroße Kleberei.

Den kugeligen Teigling auf etwas Backpapier setzen. Wenn die glatte Seite des Teiglings nach oben zeigt, wird die Kruste eine feine Maserung haben, liegt sie unten, wird die Kruste wild. Mehl auf die Oberseite streuen und mit der Hand glatt streichen. Den Teigling mit einer Schüssel oder einem Topf abdecken und 45–60 Minuten bei etwa 20 °C in Ruhe lassen. Er muss Platz unter der Abdeckung haben, denn er wird sein Volumen um etwa die Hälfte vergrößern und seine Oberfläche wird von 3 bis 6 mm breiten Rissen durchzogen sein. Sieht der Teigling nach der Reifezeit noch nicht so aus, geben Sie ihm Zeit, bis er so weit ist.

In der Zwischenzeit, mindestens 30 Minuten vor dem Backen, ein Backblech gemeinsam mit dem Ofen auf 250–270 °C aufheizen. Das Blech sollte im unteren Drittel des Ofens liegen.

Mithilfe eines Bretts oder eines anderen dünnen und hitzebeständigen Gegenstands den Teigling mit dem Backpapier auf das heiße Blech gleiten lassen. Das Brett unbedingt wieder herausziehen.

Die Temperatur sofort auf 230 °C reduzieren und das Brot 50 Minuten tiefbraun backen. Danach den Ofen ausstellen und die Tür 5–10 cm weit offen lassen, damit das Brot etwa 10 Minuten in der Restwärme fertig backen kann und eine knusprige Kruste ausbildet.

Auf einem Gitterrost auskühlen lassen und in der Zwischenzeit den Brotduft genießen. Wenn Sie über ein übermenschliches Maß an Selbstdisziplin verfügen, schneiden Sie das Brot erst morgen an, denn gutes Brot wird jeden Tag besser und ein Tag Reifezeit wird das eine oder andere der 400 Aromen, die in Brot stecken, herauskitzeln und die Sauerteigsäure wird milder.

Sauerteig vermehren

Es kann vorkommen, dass man mehr Anstellgut braucht, als man im Kühlschrank hat. Dann muss es wie der süße Brei aus dem Märchen vorher vermehrt werden. Einen Zauberspruch gibt es allerdings nicht. Es reicht, dem Anstellgut einfach mehr Futter zu geben. Und das, was dann passiert, grenzt an Zauberei.

100 g Anstellgut herstellen:

5 g alter Sauerteig/Anstellgut
45 g Roggenvollkornmehl
45–50 g Wasser (50 °C)

Alle Zutaten verrühren und so lange bei möglichst 30 °C reifen lassen, bis sich das Anstellgut ungefähr verdoppelt hat. Das dauert etwa 6–10 Stunden. Auf diese Weise lässt sich Sauerteig ins Unendliche vermehren. Braucht man beispielsweise 1 kg Sauerteig beziehungsweise Anstellgut, verwendet man einfach je 450 g Mehl und Wasser und 45–50 g alten Sauerteig.

Wenn man nicht zum wöchentlichen Roggenbrotbacken kommt, muss das Anstellgut am Leben erhalten, also gefüttert werden. Das geschieht wie oben beschrieben, aber für 50 g Anstellgut mit der Hälfte der Zutaten.

Man nehme *all seinen Mut, ein altes Glas mit Deckel, Wasser und Mehl sowie Vertrauen in den Lauf der Dinge.*

So sieht es aus, *wenn ein Sauerteigstarter Großes vorhat. Beispielsweise Dynastien lebenshungriger Sauerteige zu begründen.*

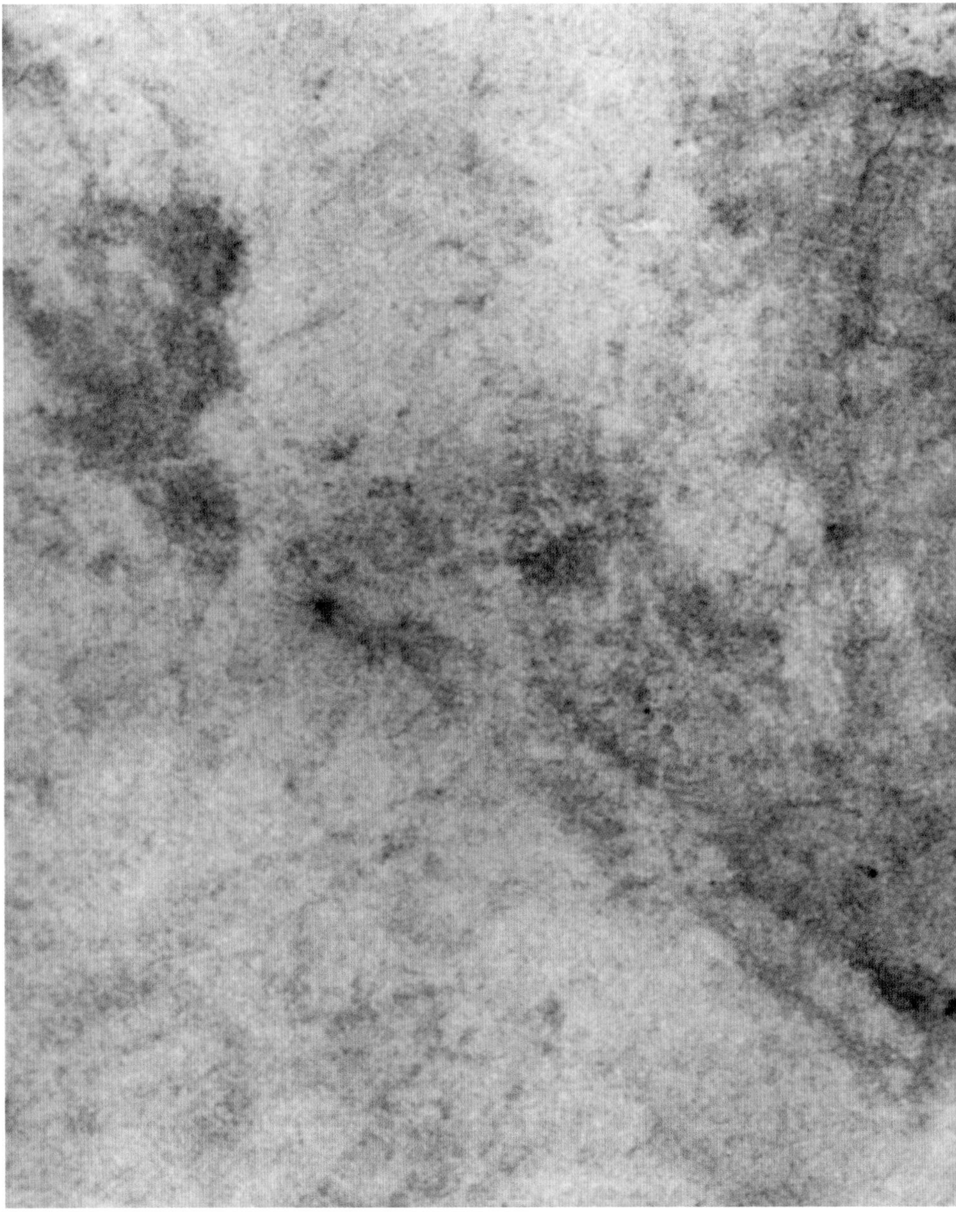

Von diesem klebrigen Batzen *Roggensauerteig kann man eine Menge lernen. Zum Beispiel sich einfach gehen zu lassen, bis die Zeit reif ist.*

Sich in zärtlicher Zuwendung zu üben, *fördert nicht nur das Wohlbefinden des Teiglings, sondern auch das anderer empfindsamer Geschöpfe, mit denen Sie in Berührung kommen. Oder kommen möchten.*

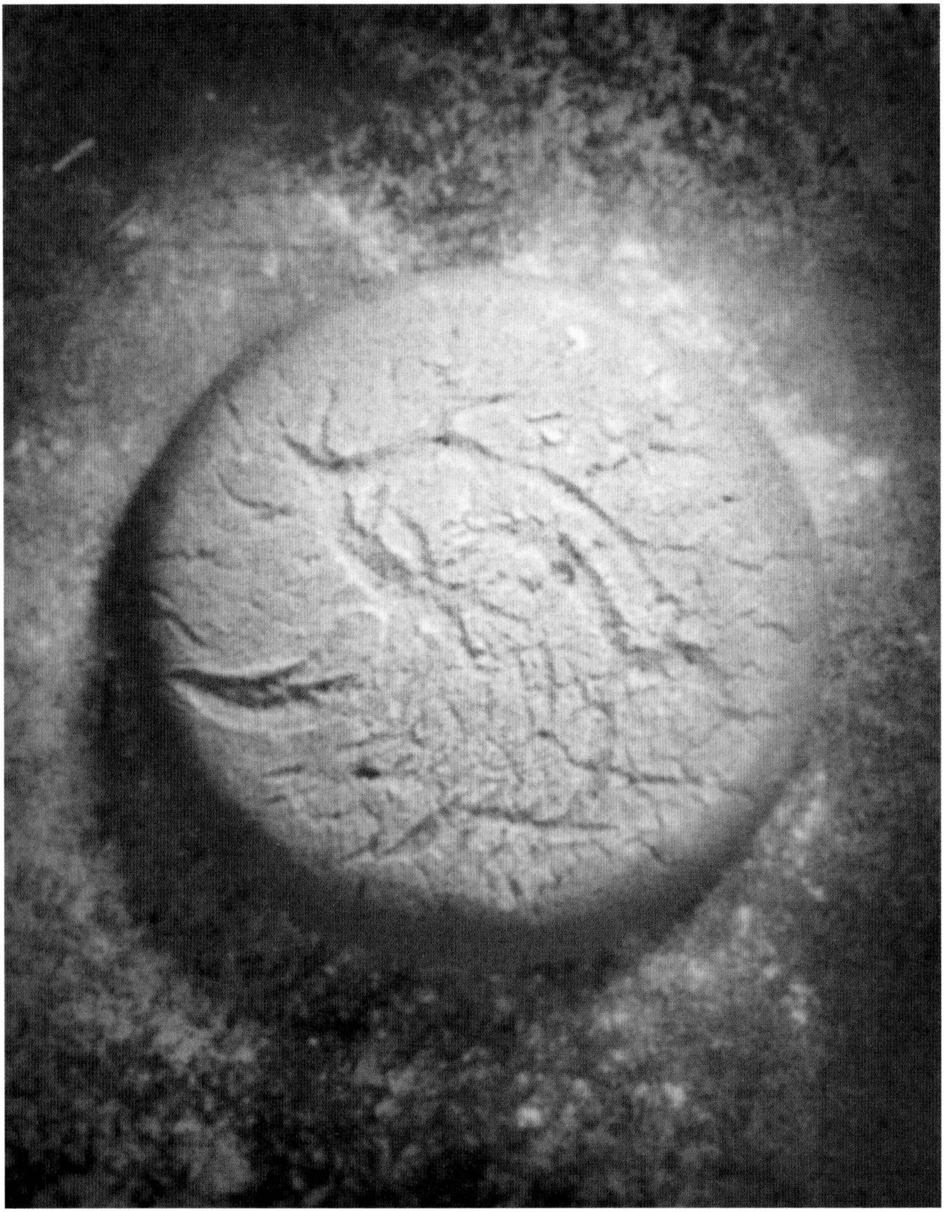

Der Roggenbrotteigling *macht ein letztes Nickerchen vor seiner großen Transformation im Backofen. Es ist wirklich nicht so schwer, etwas grundlegend zu verändern.*

No. 1 **Name des Sauerteigs** *Namenlos* **Familiengeschichte** *Sohn von Lutz Geißlers anno 2009 geborenem Sauerteig* **Wohnort** *Seevetal* **Lebensgefährten seit** *Juli 2014* **Fütterung** *Alle 10 Tage mit Roggenmehl 1150 oder selbst gemahlenen Roggenkörnern* **Bäckerin** *Iris Emmrich*

No. 2 **Name des Sauerteigs** *Irma-Jager-Gedenksauerteig* **Familiengeschichte** *Seit 2007 diverse selbst gezüchtete, später verhungerte oder verschimmelte Sauerteige* **Lebensgefährten seit** *2016, nach einem Neuanfang* **Wohnort** *Hamburg* **Fütterung** *Demeter-Roggenschrot, feinst gemahlen* **Bäcker** *Frank Rosin*

No. 3 **Name des Sauerteigs** *Der Roggen* **Familiengeschichte** *Eigenzucht aus Bioroggenvollkornmehl* **Nachkommen** *5 Kinder in Thüringen, Nordfriesland, Berlin, Düsseldorf, Henstedt-Ulzburg; 1 Weizensauerteigcousin* **Wohnort** *Hamburg* **Lebensgefährten seit** *2003* **Fütterung** *alle 2–20 Tage mit Wasser und Roggenmehl* **Bäckerin** *Doreen Brodersen*

No. 4 **Name des Sauerteigs** *Richard* **Familiengeschichte** *Eigenzucht nach Anleitung aus Sauerteigforum* **Nachkommen** *4 Kinder wurden zur Adoption freigegeben* **Lebensgefährten seit** *2011* **Wohnort** *Hamburg* **Fütterung** *1 x pro Woche an unterschiedlichen Wochentagen mit Roggenmehl Type 1150* **Bäckerin** *Kerstin Hansen*

No. 5 **Name des Sauerteigs** *wechselnd, zum Beispiel Bernd* **Familiengeschichte** *Hausgeburt in wärmflaschengewärmter Picknicktasche* **Nachkommen** *7 Kinder im Rheinland, in Hannover und Barcelona* **Lebensgefährten seit** *Januar 2017* **Wohnort** *Köln* **Fütterung** *Zwischen Freitag und Montag spätabends* **Bäckerin** *Friederike Jakobs*

No. 6 **Name des Sauerteigs** *Baby* **Familiengeschichte** *Selbst gezüchtet* **Nachkommen** *1 Kind am Arbeitsplatz* **Lebensgefährten seit** *Winter 2013* **Wohnort** *Elmshorn* **Fütterung** *1–3 x von Fr. bis So. mit Bio R1370 bei 28 °C im Mikrowellenlampenlicht; gelegentl. Injektion mit Turbo-Backkurs-Sauerteig oder wenigen Tropfen Bioapfelsaft* **Bäcker** *Thomas Muschke*

No. 7 **Name des Sauerteigs** *Monsieur* **Familiengeschichte** *Nachfahre einer 18 Jahre alten Kultur aus den Händen eines Profis* **Nachkommen** *Madame, ein Weizensauerteig* **Lebensgefährten seit** *22. Februar 2013* **Wohnort** *Henstedt-Ulzburg* **Fütterung** *Circa 3 x innerhalb von 2 Wochen mit Vollkorn oder Roggen 1150* **Bäckerin** *Ilona Schlömann*

Kosten Sie *Ihr Brot mal so, wie es am allerüppigsten schmeckt: mit ohne alles und mit geschlossenen Augen.*

Lutz Geißler sagt: *Roggenbrot auf keinen Fall anschneiden, wenn es frisch aus dem Ofen kommt, sondern mindestens einen Tag warten. Wer diese übermenschliche Selbstdisziplin nicht, dafür aber ein gutes Messer besitzt, kann es jedoch auch sofort so richtig krachen lassen.*

Ihr Glück *hält locker eine ganze Woche. Theoretisch.*

Zu Aromaforschungszwecken *stecken Sie Ihre Nase bitte ungehemmt hier hinein.*

Gedanken beim Mischen des Sauerteigs. War das ein Tag 286 E-Mails heute schönen Dank sonst noch was kannst du mal eben dies kannst du mal eben das noch nicht mal eben in die Pause konnte ich gehen wenn das so weitergeht wie geht es wohl dem lieben Professor den muss ich unbedingt anrufen Konferenzschaltungen sind das Allerschlimmste da kommt nichts bei raus zu nichts kommt man immer ist irgendwas nie wird man fertig und plötzlich ist Abend entspannen soll ich sagt der Arzt fahren Sie Fahrrad töpfern Sie Schwimmen Yoga Meditation irgendeine Handarbeit warum nicht Gärtnern Tanzen tun Sie doch mal nichts ja wann denn Sie sind lustig hat Ihr Tag mehr als 24 Stunden und wann soll ich einkaufen staubwischen könnte man auch dauernd wirklich ewig nicht im Theater gewesen aber da ziehen die sich immer aus das nervt oder in die Oper bloß wann echt das sind ja tolle Tipps entspannen das ist doch ein Witz mein Chef kann wirklich keine Witze erzählen jede Pointe verhunzt der das war wirklich peinlich neulich aber in den Vorstand hat er es gebracht ist doch alles nicht zu verstehen mit meiner Cousine hab ich mich auch schon besser verstanden na ja Menschen verändern sich wieso fand die denn den Film gut der hat doch echt nichts getaugt jetzt isst sie nur noch glutenfrei na ich weiß nicht mir kommt das ein bisschen übertrieben vor die soll mal Fodmap googeln ich könnt nicht ohne Brot so richtig gutes Roggenbrot dick salzige Butter drauf und Honig sagenhaft das ist das Allerbeste im Keller da ist auch noch die teure Fotoausrüstung und die Staffelei und die Modelleisenbahn das 10.000-Teile-Puzzle vom Kölner Dom und die Bücher Himmel so viele Bücher ich muss 120 Jahre alt werden um die zu lesen wirklich höchste Zeit zu entspannen da hat er schon recht oder mal was Sinnvolles zu tun wegwerfen will man die Bücher ja auch nicht ich müsste unbedingt ausmisten müsste müsste müsste ein Hobby müsste man haben etwas das einen sofort fröhlich macht was ich alles müsste ich will mal gar nichts müssen das wär schön mich mal ein bisschen gehen lassen einfach mal nur so daliegen ganz fett und faul und nichtsnutzig ausruhen und die Sonne scheint mir auf den Pelz und nichts müssen so ganz weich und leicht werden wie eine Wolke ganz leer aber auch irgendwie erfüllt in die Wolken schauen das hab ich als Kind zum letzten Mal gemacht auf der Wiese hinter der Musikschule Burgen aus Watte Gebirge und Täler aus Daunenfedern Riesen Hasen Reiter Monster Elefanten schöne Frauen die Dings die macht jetzt Achtsamkeitstraining da übt man eine Rosine zu essen so mit Gefühl und mit geschlossenen Augen ich hab es ausprobiert ja da ist was dran man sieht so eine Rosine mit ganz anderen Augen wenn man sie beim Essen zumacht dann üben die auch im Hier und Jetzt zu sein ja wo denn sonst obwohl man ist mit seinen Gedanken ja schon oft woanders und dann kommt man aus dem Konzept wo hab ich denn die Waage jetzt schon wieder hingestellt ich sollte eine Schürze anziehen hoffentlich ist noch Mehl im Haus sonst braucht man ja zum Glück nichts atmen üben die da auch also das kann ich schon sogar mit geschlossenen Augen und sogar im Schlaf ein aus ein aus ein aus das ist kinderleicht geht doch automatisch dafür braucht man doch keinen Kurs also ich wieg jetzt mal das Mehl ab und mach Wasser heiß und dann hol ich Siggi aus dem Kühlschrank der freut sich auch schon und dann schau ich dem beim Bläschenmachen zu woraus sind die Bläschen eigentlich ich wüsste nichts was ich lieber täte als dem Siggi zuzuschauen wie der dick wird und dann an nichts mehr denken außer das ist aber ein schönes freundliches Grau und plopp wieder ein Bläschen also Siggi ich bitte dich hast du etwa gepupst ich stell mir vor wie sich alle freuen wenn ich morgen früh backe und wie das duftet am besten backe ich gleich fünf Brote ist ja auch nicht mehr Arbeit und Mensch so ein selbst gebackenes Brot das ist doch das Tollste auf der Welt von dem Siggi kann man viel lernen der denkt nicht viel und es kommt trotzdem echt immer was dabei raus er nimmt sich Zeit das ist das A und O und alles ist gut.

Dankbarkeit

Es gibt so **viele tolle Leute.**

Wenn Backen gerade nicht geht, kann man auch anders glücklich werden: Man vergegenwärtige sich, wofür man dankbar sein kann. Uns wird das Herz warm, wenn wir daran denken, dass sich auf Lutz' Einladung zum Casting für unsere Brot-Models innerhalb einer halben Stunde so viele Hobbybäcker gemeldet haben, dass wir zehn Bildbände mit Fotos von wunderschönen Broten hätten füllen können. Großer Dank an die sieben Enthusiasten, die für unsere sieben Porträts vom täglich Brot jeweils 750 g Glück gebacken haben. Danke:

Doreen Brodersen, Iris Emmrich, Kerstin Hauser, Friederike Jakobs, Thomas Muschke, Frank Rosin und Ilona Schlömann.

Und ein spezieller ofenwarmer Dank an Christina Weiß, die uns mit all den anderen herrlichen Broten beglückt hat, die sich auf vielfältige Weise vor unseren analogen Kameras geräkelt haben.

Unseren tollkühnen Verlegern sind wir dankbar für fast grenzenlose Freiheit und dafür, dass sie sich – ein weiteres Mal – auf ein Abenteuer mit ungewissem Ausgang eingelassen haben, für das man mindestens die drei Sorten Glück braucht, die im Vorwort beschrieben sind.

Teamgeist

Allein kriegt man nicht viel gebacken. **Erst recht kein Buch.**

Lutz Geißler

Dass man backenden Männern nicht alles glauben darf, wurde im Kapitel *„Sinnlichkeit"* ausführlich bewiesen. Dass es auch auf Lutz Geißler selbst zutrifft, ist ein Schock! Er behauptet, nicht schreiben zu können. Dabei schreibt er ein Buch nach dem anderen! Und die sind groß und dick. Außerdem gibt er Kurse, er berät, er unterweist Amateure und Leute vom Fach, ist heute im Erzgebirge und morgen in Asien. Und er findet sogar noch Zeit zum Backen, denn er isst ausgesprochen gern selbst gebackenes Brot. Irgendwie muss dieser Mann es geschafft haben, dass nicht nur seine Teige, sondern auch seine Tage deutlich länger gehen. Länger als 24 Stunden. Im Becker Joest Volk Verlag sind von ihm erschienen: „Brot backen in Perfektion mit Hefe" und „Brot backen in Perfektion mit Sauerteig".

Und wer alles, alles, alles über das Backen wissen will, besucht seinen Blog: www.ploetzblog.de.

Das kommt dabei heraus, *wenn sieben verschiedene Leute nach ein und demselben Rezept ein Brot backen: ca. 5.250 g Glück.*

Judith Stoletzky

Die Autorin findet ihre Tätigkeit mit dem Begriff „Schreiben" zwar zutreffend, aber nur zu einem Teil beschrieben, denn sie denkt sich auch aus, wie das Ganze so insgesamt aussehen und sich anfühlen soll. Sie hat während der Arbeit an dem Buch einige Sauerteige verhungern lassen, andere überfüttert und nährt ihr Schuldgefühl seitdem mit knusprigen Gewissensbissen aus Vollkorn. Sie lebt in einer Wohngemeinschaft mit einem Nachfahren von Lutz' Sauerteig – Bruno heißt er. Gelegentliche Seitensprünge mit Hefeteigen kann sie sich aber nicht verkneifen. „Ca. 750 Gramm Glück" ist ihr viertes Buch im Becker Joest Volk Verlag und in allen geht es unterm Strich um die Liebe zu etwas und ums Glücklichsein.

Hubertus Schüler

Einen Photographen, der Wert auf das „ph" legt, kann man auch bitten, die Bilder für dieses Buch aus dringenden gesamtkonzeptionellen und ästhetischen Gründen mit einer Lochkamera und einer analogen Spiegelreflexkamera zu fotografieren – pardon: zu photographieren. Fand er sofort gut. Dann verfluchte er sich, die Autorin, die ihm das eingebrockt hat, und sämtliche Väter des Lichtbildes von Ibn al Haitham über Leonardo da Vinci und Louis Daguerre. Er schwor, glutenintolerant zu werden und nie wieder Brot zu essen, geschweige denn zu photographieren, auch nicht digital, und sich der Malerei zuzuwenden, war aber dann doch glücklich. Hubertus hatte schon alles vor allen möglichen Linsen und er hat auch zwei von Lutz Geißlers Brotbackbüchern fotografiert, die ebenfalls beim Becker Joest Volk Verlag erschienen sind.

Selbst gutes Brot backen www.ploetzblog.de

Impressum

Originalausgabe Becker Joest Volk Verlag GmbH & Co. KG
Bahnhofsallee 5, 40721 Hilden, Deutschland

1. Auflage September 2018
ISBN 978-3-95453-159-2

Inhaltliche und visuelle Gesamtkonzeption, Text: ***Judith Stoletzky***
Idee, fachliche Beratung, Foto-Teige und Rezepte: ***Lutz Geißler***
Layout: ***Judith Stoletzky und Inga Detlow***
Photos: ***Hubertus Schüler***
Photoassistenz: ***Benedikt Köster***
Photoapparate und Filme: ***Lochbildkamera (Selbstbau), Gevabox, Hasselblad, analog belichtet auf Kodak T-Max 400 und Portra 400.***
Projektleitung: ***Johanna Hänichen***
Satz: ***Melanie Müller-Illigen***
Lektorat: ***Doreen Köstler***
Druck: ***Firmengruppe Appl, aprinta Druck GmbH***

Der Verlag dankt allen Beteiligten, die durch ihre Mithilfe und Unterstützung zum Gelingen dieses Buches beigetragen haben. Für ihre unermüdlichen Bemühungen um die außerordentliche Qualität danken wir unseren Mitarbeitern Johanna Hänichen, Melanie Müller-Illigen, Justyna Schwertner, Ellen Schlüter, Philine Anastasopoulos, Maja Filipek, Anne Krause und Valerie Mayer.

BECKER JOEST VOLK VERLAG
www.bjvv.de